क्षण भर की

जीवन कविताएँ

स्वर्ण लता

ISBN 979-8-89588-687-8

समर्पण

यह पुस्तक मेरी आदरणीय माता
स्वर्गीय श्रीमती सुमित्रा देवी को समर्पित है,
जिन्होंने मुझे जीवन के हर मोड़ पर सही राह दिखाने का
अमूल्य पाठ पढ़ाया। उनका स्नेह, त्याग,
और ममता मेरे जीवन की सबसे बड़ी प्रेरणा रही हैं।

यह पुस्तक आपके प्रति मेरी विनम्र श्रद्धांजलि है।
आपने जो मार्गदर्शन और आशीर्वाद दिया, वही मेरी हर
उपलब्धि का आधार है। आपकी स्मृतियों को नमन करते
हुए, इस पुस्तक को आपके चरणों में अर्पित करती हूँ।

आपकी सदा कृतज्ञ

अनुक्रम

चित्रांकन

यह पुस्तक **आरुषि गुप्ता** और **उत्कर्षा गुप्ता** द्वारा चित्रित की गई है। चित्रों को विशेष रूप से कविता के अनुरूप तैयार और चुना गया है।
इनमें से कुछ चित्र फ़िबोनैचि अनुक्रम को दर्शाते हैं, जो पुस्तक में प्रकृति के प्रभाव को शामिल करते हैं (जैसे चेरी ब्लॉसम की शाखाएँ, जिनमें फूलों की संख्या क्रमशः बढ़ती जाती है)।

भूमिका

यह संग्रह मेरी कविता यात्रा का एक प्रयास है, जिसमें मैंने जीवन की विभिन्न अवस्थाओं, भावनाओं, और अनुभवों को शब्दों में बांधने का प्रयास किया है। यहाँ प्रस्तुत कविताएँ मेरे अपने अंतर्मन की झलक हैं–कभी यह बचपन की मासूमियत को दर्शाती हैं, तो कभी मां की ममता को। कहीं समाज की सच्चाई और कठिनाइयों का वर्णन है, तो कहीं आध्यात्मिकता की ओर एक दृष्टिकोण है।

मेरी कविताओं का यह संग्रह विभिन्न भावनाओं का प्रतिबिंब है, जैसे माँ की यादें, गुरु का सानिध्य, समाज की व्यथा, प्रेम की अनुकम्पा, और जीवन के संघर्ष। इनमें से कुछ कविताएँ प्रेरणादायक हैं, जो कठिन परिस्थितियों में हौसला देने का प्रयास करती हैं, जबकि कुछ कविताएँ समाज के कटु यथार्थ को उजागर करती हैं।

संग्रह में अटल जी और सतगुरु पर रचित कविताएँ उनके प्रति मेरी श्रद्धांजलि हैं, जो उनके योगदान और व्यक्तित्व से प्रभावित होकर लिखी गईं हैं। 'नश्वर तन' और 'समय की धारा' जैसी कविताएँ जीवन की क्षणभंगुरता का अनुभव कराती हैं, जबकि 'मंजिल की ओर' और 'कुछ नया करो' जैसी रचनाएँ जीवन में आगे बढ़ने का संदेश देती हैं। 'आधुनिक नारी' और 'दोहे' आज की समाजिक स्थिति पर मेरी दृष्टि प्रस्तुत करते हैं।

यह मेरी कविताओं की पहली श्रृंखला है, जिसमें मैंने अपने अनुभवों, देखे-सुने, और सोचे हुए को अभिव्यक्त किया है।

आशा है कि यह कविताएँ पाठकों के हृदय में अपनी जगह बना पाएँगी और उन्हें एक नए दृष्टिकोण से सोचने पर प्रेरित करेंगी।

मेरे इस काव्य संग्रह का उद्देश्य पाठकों को अपने भावों और विचारों से जोड़ना है, ताकि वे भी जीवन की इन गहरी अनुभूतियों का आनंद ले सकें। इस यात्रा में आपके सहयोग और समर्थन की मैं आभारी रहूँगी।

धन्यवाद

1. मेरी तुलिका

दुख में उपजे सुख में उपजे,
भावों को पिरोती जाती।
जीवन की हर इक व्यथा को,
कागज़ पे संजोती जाती।
सुख की धारा में लहराती बहती जाती,
तुलिका मेरी मेरा जीवन;
मेरे साथ ही बहती जाती,
भावों में बह लिखती जाती।
ख़त्म ना हों जो गाथाएँ,
पन्नों में वो है पिरोती जाती,
पिरोती जाती।

2. बचपन

बालपन के खेल थे,

कहीं भूल पाए हैं भला।

रूठना फिर से मनाना,

आज है क्या वह कला।

न अपना घर ना उनका घर,

सब कुछ तो था अपना ही बस।

पूरी गली पूरा मोहल्ला,

एक था सब एक थे।

जात थी ना पात थी,

सब बातें साथ-साथ थीं।

वह दादी काकी खास थीं,

बातें भी उनकी खास थी।

था इक सुखी तो सब सुखी,

ग़र एक दुखी तो सब दुखी।

वह बालपन की बात थी,

जिसकी वो यादें खास थी।

3. नश्वर तन

यह तन तो मिट्टी है उसमें ही मिलना है,
इस सुंदर काया को आखिर में जलना है।
तज मोह माया बंधन सुख-दुख को छोड़ परे,
भज ले प्राणी उसको जिससे मुख मोड़ रहे।
यह जग की चहक महक बस पल की कहानी है,
उसमें रमजा रे तू जो शख्स रूहानी है।
फैला तो बाहें तू वह खुद ही संभालेगा,
इस जग की दलदल से तुझे बाहर निकालेगा।

4. माँ

फोन उठा लेती हूं मां,

पूछूं क्या हाल है तेरा।

भूल जाती हूं कि,

तुम तो अब रही ही नही।

सोचती हूं कि जहां भी हो,

देख तो रही होगी मां।

सोचकर वो कोई भी गलती दोहराती नहीं,

जिससे मना किया था तूने।

कोई भी बात करने से पहले,

काम करने से पहले।

सोचती हूं कि देख रही हो तुम,

कह रही हो मानो" ना बेटा ऐसे नहीं।

वह नसीहतें जो मिली है सारी उम्र,

लगता है आज भी साथ हो।

हर काम में, हर बात में,

भूले नहीं कुछ, भूलूँ भी तो कैसे?

अब भी तुम हर वक्त साथ हो।

5. कमजोर करोना

इस नूतन जन्मी विपदा को दुनिया पर छाई विपदा को।

हर हाल में हमें भगाना है हर एक को यह सिखलाना है

यह पहली बार नहीं जग में जो ऐसा संकट आया है।

फिर क्या डरना क्या घबराना,

संकट तो आना जाना है।

बस दूर रहो सब घर में रहो,

कुछ कमजोरो पर ध्यान धरो।

सब मिल जाएंगे साथ अगर,

यह लगेगा सब यह फसाना है।

खुशियों के पल ढूंढ ढूंढ,

सब इंसानों को जगाना है।

रह जाए ना पीछे अपना कोई,

बस सब को यह समझाना है।

दो गज दूरी, पर रहें साथ,

बस इस संकट को भगाना है।

6. औकात

उठ कर जमीं से वो पहुंचा जो अर्श पर,
नीचे नजर पड़ी, तो बौने से लगे लोग।
अंदर थी तपिश महलों में रहा पंहुचा ऊपर,
बाहर नजर पड़ी तो घिनौने से लगे लोग।
वाह-वाह लूटी, कर लिया सफर, ऊँचा औहदा,
आगे नजर पड़ी तो खिलौने से लगे लोग।
टूटा सपना फिर करवट ली फिसला जो पाँव,
आगे नजर पड़ी तो उठाने लगे वो ही लोग।

7. लाडली

बहती नदी थी वो जो अब थम गई,
फूल सी नाजुक थी वह कुमला गई।
जिस और जाती थी छोड़ती छाप थी,
अब तो खुद में ही सिमट के रह गई।
वीरांगना थी वो, थी साहसी,
अब तो डरी सहमी सी मानो हो गई।
बस हो गया जो भी हुआ बस छोड़ दो,
बहने लगो उड़ने लगो महको सदा।
बीत गई दुनिया जो दुश्मन हो रही,
बातें भी छोड़ो सब, घड़ी वह बह गई।
गिरकर उठना दौड़ना सब छोड़कर,
बढ़ जाओगी सभी को पीछे छोड़ कर।

8. समय की धारा

नींव तो पक्की ही थी।
फिर क्यों मकान ये ढह गया,
सींचा तो इसको दिल से था।
फिर पानी में क्यों बह गया,
धारा समय की ले गई।
इसको उड़ा कर दूर क्यों,
दिल में उठा तूफान है।
कुछ कान में कोई कह गया,
बस ठहर जा इतना ना चल।
खाएगा ठोकर कह गया,
बस थाम लें इस को यहीं।
क्यों भावना में बह गया,
है यह समय जो चल पड़ा
बस साथ चल दे इसके तू।
ग़र छोड़ देगा इसको तू,
समझो कि पीछे रह गया।

9. मंजिल की ओर

आस का दीया बुझने न दो,
बढ़ते कदम कभी रुकने ना दो।
मंजिल कितनी भी दूर हो लेकिन,
साहस से चलो हौंसला झुकने ना दो।
पा जाओगे मंजिल बड़े आराम से,
दिल में जली लो को बुझने ना दो।

10. मोदी जी की नोटबंदी

जीवन जीना संतों ने बहुत बताया था,
माया से दूर रहो यह भी जतलाया था।
पर माया के बस होकर सब ही बैठ गए,
बढ़कर इक दूजे से आगे, यूं ऐंठ गए।
अब सारी ऐंठन मोदी जी ने हर ली है,
माया के बस न होंगे तोबा कर ली है।
थोड़े में कैसे जीना है सब सीख गए,
मोदी जी सब के नेता थे अब गुरु भए।

11. बेटी

फूल सी थी वो, अब मुरझा गई,

घर की शोभा थी वो मेरे।

भेज दी जो दूर यूँ,

खिल न पाई जो वहां, पनपी नहीं घर की तरह।

बस आह बनकर रह गई और मुरझा सी गई,

ले लूं उसे आगोश में जी चाहता है भाग कर।

सारे के सारे गम मैं ले लूं उसको लगाकर के गले,

छीनी खुशी दे दूं उसे वापिस कहीं से।

ले आऊं महक मैं जिंदगी में उसकी कहीं से।

12. अटल जी-(1)

स्मृति स्थल में पा के दर्शन,

पेड़ भी सब रो पड़े थे।

पहले के नेता जो सोए, अपने अपने शव स्थलों से,

वह भी आकर नम खड़े थे।

अटल जी के दर्शनों को,

था ये व्याकुल सारा भारत;

वो अटल के सामने सब,

नतमस्तक होकर खड़े थे।

अपनी छवि को अटल जी भी,

आसमा से देखते थे।

दे दिया जीवन जिन्होंने इस धरा को,

उस धरा में आज वह मिलने चले थे।

जय भारत -- जय अटल जी।

13. अटल जी-(2)

रो पड़ी है यह धरा भी

छलनी हुआ गगन का सीना

फट पड़ा है बादलों से

मिलने आया है धरा पर।

अपने इस युगपुरुष को लेने

एक क्षण में काया तेरी

मिल गई मिट्टी में अब ही

बादलों ने बरस कर

अपना होना है बताया

हर तत्व है खुद आप आकर

अटल जी को लेने आया।

14. अटल जी-(3)

पूज्य था वो सब का,

पूजनीय स्थल उसका हो गया।

ओज़ की कविताएं उनकी,

ओज़ सा उनका अस्तित्व।

शान से जीया था अब तक,

शान से ही सो गया।

छोड़कर हर मन में छवि को,

वो गया लो वो गया।

था अटल, है भी अटल,

लो आज अटल ही हो गया।

भारत का वह वीर कवि,

लो आज माटी हो गया।

नमन

गुरुर्ब्रह्मा गुरुर्विष्णुः गुरुर्देवो महेश्वरः। गुरुः साक्षात् परब्रह्म तस्मै श्री गुरवे नमः॥

15. सतगुरु-(1)

नाव भंवर में गोते खाए,

आपने पार लगानी है।

जीवन धारा विचलित हो गई,

आपने राह दिखानी है।

गुरु की भक्ति प्रभु की भक्ति,

बाकी सब बेमानी है।

काम क्रोध मोह लोभ से गुरूवर, आप ने राह दिखानी है।

16. सतगुरु-(2)

मेरे गुरूवर ने दिया है सहारा,

अब मिल जाएगा मुझको किनारा।

प्रभु भक्ति के पथ पर चलकर,

मन के सागर में गहरे उतर कर।

गुरूवर का हाथ पकड़कर,

हो जाएगा जग निस्तारा।

अब मिल जाएगा किनारा,

मेरे गुरूवर ने दिया है सहारा।

आंधी तूफान से उबर कर,

माया नगरी से निकलकर;

तूने जाना है मर्म हमारा,

मैंने पाया है थाह तुम्हारा।

काजल की नगरी में थी,

किया आपने खूब उजाला;

अब मिल जाएगा किनारा,

मेरे गुरुवर ने दिया है सहारा।

सतगुरु

17. चाह

मन करता है चढूं शिखर पर,

और चलूं फिर भाग भाग कर।

नीचे आऊं कलांचे भरूं,

छूट गया सब पीछे यह तो।

चाह ही है जो कर सकती हूँ,

चाह रही हूँ उड़ती जाऊं।

पंख फैलाऊँ जोर-जोर से,

चारों दिशाएं घूम मैं आऊं।

पर सब पीछे छूट गया है,

मन से ही सब कर पाती हूँ।

मन में ही सब कर पाती हूँ,

चाह ही है बस उड़ती जाऊं।

18. अनाथ

छांव थी बादल की वह इस कड़कती धूप में,
सहला गई थोड़ा सा, उसकी छांव में सोया था वह।
मां के आंचल सा मिला उसको सकूं उस पल तभी,
गहरा गई थी नींद फिर सोया रहा चिर तक वहीं।
फिर हवा के झोंकों ने भी उस पर जादू सा किया,
भीनी भीनी चल पड़ी तब उसको सहलाती गई।
यह जमी यह आसमां सब उसके साथी हो गए,
प्रकृति की गोद उसकी फिर ममतामई मां सी हो गई।
बेसहारा कब था वो और न ही अनाथ था,
साया पूरी कायनात का जब उसी साथ था।

19. बेबसी

लड़ियाँ तो थी मेरे पास,

पर उन्हे लगाने वाला चाहिये था।

फुलझड़ियाँ भी थी मेरे पास,

उन्हें जलाने वाला चाहिए था।

बरसों से लगाती आयी थी सजावट की डोर,

पर इस बार मुझे लगाने वाला चाहिए था।

सोच सोच कर लिखा एक एक चीज को,

पर उसको लाने वाला चाहिए था।

ये उम्र का तकाजा समय की ये डोर,

अब तो संभलेगी नही अब तो इसे,

संभालने वाला चाहिए था।

पर आह ऐसा हो ही नही पाएगा

अकेले ही कटा है, कटेगा, कट जाएगा

ये तो जीवन है संभलता-संभलता संभल जाएगा।

20. वो मेरे अपने

रूठे है जो तुमसे उन्हें ज़रा मनाओ तो,

वो कितने अपने से है उनको जरा बताओ तो।

अहसास उनको अपने पन का अब जरा करवाओ तो,

भूली यादें गुम गई जो आज में,

उन यादों को तुम आज फिर दोहराओ तो।

क्यों गुम हुई है वो खुशी, वो मस्तियाँ,

उनको फिर अब प्यार से समझाओ तो।

छोड़ दो कड़वी वो बातें, जो दिखाती बेरुखी,

हम उन के हैं वो अपने हैं, अब जरा जतलाओ तो।

21. जीवन

जंग लगे दिमाग को जरा साफ तो कर,
कितने कर्म किए वो हिसाब तो कर।
मल मल के धोएगा तो भी छूट न पाएगी,
ये मैल ऐसी है इसे साफ तो कर।
फूल सा बनजा जो कीचड़ भी न लगे,
बुराई में पले फिर भी दाग़ ना लगे।
ये दुनिया दे तेरी मिसाल ज़रा ऐसा तो बन,
मिल जाएगा मुकाम ज़रा ऐसा तो बन।

22. जन्मदिन

प्यारी सी गुड़िया है तू,

जादू की पुड़िया है तू।

देख के तुझको सबके चेहरे,

खुद ही खुशी से खिलते हैं।

मुरझाए चेहरे भी पल में,

देख तुम्ही को खिलते है।

मेरी प्यारी नन्ही तू,

सब की दुलारी गुड़िया तू।

खुश रहो सदा,

फूलो व फलो,

मिल जाएं तुमको खुशियाँ सारी।

लग जाए हमारी उम्र तुम्हें,

तुम से जाएं वारि वारि।

जन्मदिन मुबारक

23. सच्च

सच बोलो भाई, सच से क्या परदा।

सच बोलोगे मन साफ रहेगा।

बीपी नहीं बढ़ेगा कोई रोग नहीं लगेगा,

व्याख्यान भी न होंगे न उलझने ही होंगी।

बस एक बार हिम्मत फिर कोई डर न होगा।

बोलोगे झूठ तुम तो सोचते रहोगे।

बीमारी मोल लोगे तनाव मोल लोगे।

एक झूठ का नतीजा सो झूठ वाला होगा,

फिर भी न तुम बचोगे सच सामने जो होगा।

किसी ने सच कहा है:-

बार-बार झूठ बोलने से एक बार का सच बोलना ही बेहतर है।

24. दया दृष्टि

उनके आगे बैठ कर दुखड़े सुनादो तुम,
प्रभु भक्ति में लीन हो अश्रु बहा दो तुम।
फिर तार तेरी उसकी भक्ति में जुड़ जाएगी,
आवाज तेरे मन से फिर कुछ ऐसी आएगी।
हो लीन प्रभु में आप इतने खो जाओगे,
खुद आप वो तुम में समा जाएंगे।
सर्वस्व फिर तुम जीवन में पा जाओगे।
अश्रु बहा के दो घड़ी उनको बुला के देख,
लवलीन हो के उसमें खुद को मिला के देख।
तुम उनमें, वो तुम में दिखाई दे जाएंगे,
भक्ति में भक्त की प्रभु दौड़े ही आएंगे।

25. नई मंजिले

विस्तृत अंधियार - शून्य जीवन

भटकन मन में - जिसका है साज़

पीड़ित आवाज - किसकी है लय

सिसका है ताल - खन खन सा स्वर

मधुरिम तो है - पर है कसक

जीवन का सफर - डूबा है अब

स्वर लहरी में - अब तो ठहर

चलने भी दो - कुछ और कदम

क्यों बांध दिया - मैं मूक प्रहरी

क्यों रोक दी है - मेरी मंजिल

छोड़ो ये स्वर कुछ बांधो रंग

जो गमगीन ना हो - प्रफुलित राग

जो अनायास - निकले मन से

चलने का दे - इक नव संदेश

गाओ वो गीत - उठ ओ प्रहरी

चलदे उस पर - है लक्ष्य जिधर

ठहरो न इधर - गूंजे ये स्वर

26. बेकारी

उठता हुआ जज़बात मन में दबाना पड़ा,

अपने ही हाथों खुद का जनाज़ा उठाना पड़ा।

निकले जो घर से कुछ काम की तलाश में,

चक्कर लगा के शहर का वापिस वहीं आना पड़ा।

बेजान चेहरे हर तरफ निराशता का दमदमा,

हर शख्स के आगे हमें सजदे को झुक जाना पड़ा।

गिरे भी अपनी अहमत से पाई न फिर भी वो मंजिल,

लाश अपनी को कफन अरमानों का पहनाना पड़ा।

27. सूर्य संदेश

दूर क्षितिज में धुंधला सा,

जाने क्या प्रकृति का नया स्त्रोत।

चला मिटाने अंधकार मस्त,

चहचहाट वो कुलबुलाहट।

ये टन टन की सी है आवाज,

चल दिया पथिक ठहरा न पल।

सूर्य ने दिया जब यह संदेश,

है भोर हुई जागो प्राणी।

है दूर पंथ मंजिल है कठिन,

जागा किसान, पंछी जागे।

चल पड़े कार्य हित सब प्राणी,

है हुई प्रभात छंट गया तिमिर।

बीता कल, हुई अब नव प्रभात,

नव दिनकर का हुआ आवाहन।

हे सुसुप्त जीव तुम भी जागो,

निद्रा त्यागो - निद्रा त्यागो।

28. हमारे अपने बड़े

सूने घर में वह अकेली सहम सी जाती तो होगी,

पास हो मेरे कोई यह भी जतलाती तो होगी।

कसक सी उसके मन में उठी तो आह भर जाती तो होगी,

आहट पर वह हर किसी की सहम सी जाती तो होगी।

वह अकेली बेबसी में कुलबुलाती भी तो होगी,

ऐसे में फिर याद उसको अपनों की आती तो होगी,

साथ हो फिर हर किसी का पास चाहती भी तो होगी।

यह अकेलापन उसकी टीस बन जाता तो होगा,

याद ऐसे में उन्हीं को अपनों की आती तो होगी।

सोचो जरा, समझो जरा उन का जरा तो ध्यान दो,

अपने बड़ों को जान लो उन की तरफ भी ध्यान दो।

हम उनके हैं वह है हमारे,

यह सभी ही जान लो।

29. पैसा

पैसा क्या है? अहम् का दूसरा नाम।

जो हो तो भी दुखी, जो ना हो तो भी दुखी।

हर रिश्ते के बीच की दूरी है पैसा,

हर रिश्ते के बीच का मिलन है पैसा

क्या मस्त चीज है पैसा।

मुरझाए चेहरे पर खुशी लाता है ये,

खो जाए तो दुख दे जाता है ये।

हर जगह हर रूप में रहता है,

यह कृपण के घर- तिजोरी में,

और दानी के घर खन खन करता,

हर दिन बंटता, मंदिर में चढ़े पूजा जाता।

किसी घर में खुशहाली लाता,

किसी में ये विपदा बन जाता।

कभी दहेज का रूप है लेता, कभी नेता का हितकारी,

सुख दिखलाता दुख भी लाता हर दिल की धड़कन को बढ़ाता।

दिखा रूप सबको ललचाता आता जाता, जाता आता,

क्या है पैसा ; पैसा, पैसा, पैसा, पैसा।

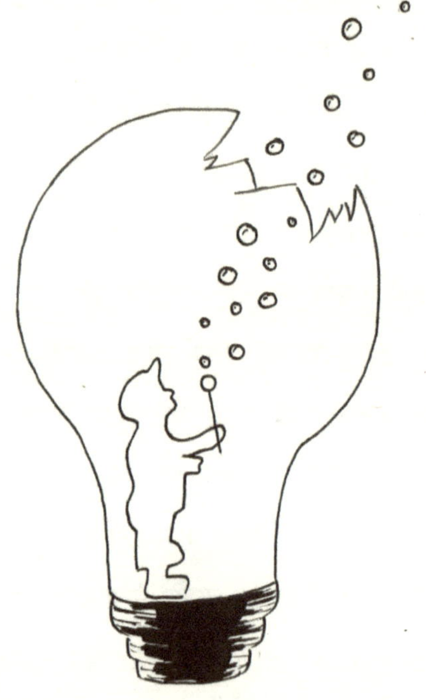

30. कुछ नया करो

जाने दो सब बीती बातों को, कुछ नया करो,

बिसरा दो उलझी सी बातों को, कुछ नया करो।

छोड़ो मन को उन्मुक्त, बस आर पार इसे उड़ने दो,

बांधों ना दिल के तारों से, बस उड़ने दो।

फिर खुल जाएंगी सभी राह,

गांठे मन की सब उलझी सी।

जो चाहा था पा जाओगे,

नव ज़ीवन का आगाज़ करो।

जाने दो बीती बातों को कुछ नया करो,

कुछ नया करो।

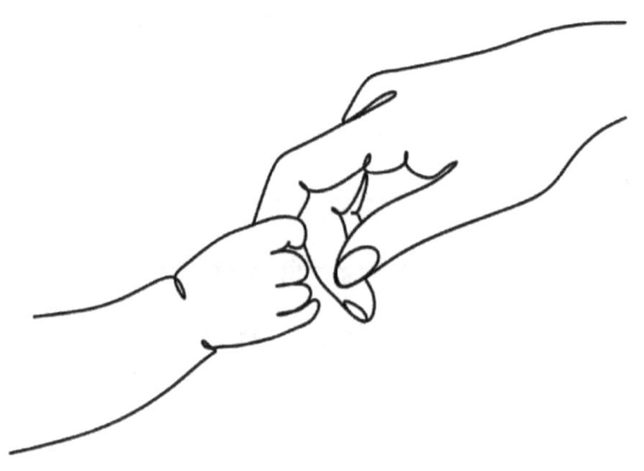

31. माँ

परछाईं तेरी मुझको माँ खुद में दिखाई देती है,

सीख तेरी मुझको मां, हर पल सुनाई देती है।

आवाज तेरी मुझको माँ, हर पल सुनाई देती है,

दर्द तेरा मुझमें भी माँ एक टीस सी भर जाता है।

तेरा दर्द भरा चेहरा मुझको, हर पल सिहरा सा जाता है,

कर पाती कुछ तेरी खातिर।

हर पल ये सोचा करती हूँ,

मजबूर हूँ माँ देदो माफी, कुछ भी तो नहीं कर पाती हूँ।

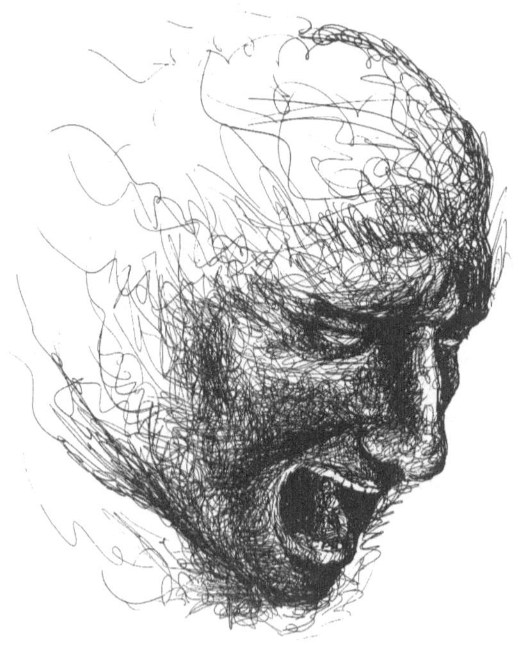

32. अब पछताए क्या होत

फूल जो डाली से गिरा

मुरझा गया तत्काल

बिन कार्य बिन तात्पर्य मिटी सुगन्धि सार

मिटी सुगन्धि सार कुचला उसको मानव ने

पाँव तले वो स्थिर सा पड़ा, लगा तड़पने

आकर गिरा घमंड में, आया न किसी काम

तोड़ा जाता कार्य हित, तो न होता बदनाम

न होता बदनाम, काम जो किसी के आता

आकर दुनिया में, वो भी कुछ तो पा जाता

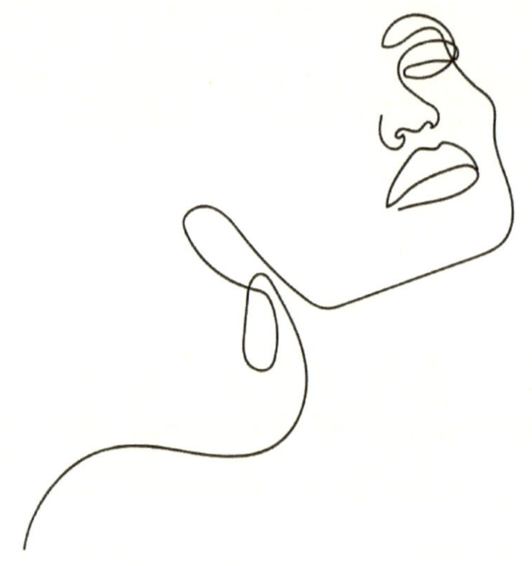

33. आधुनिक नारी

परित्यकता हूँ, लेकिन आज मैं अबला नहीं हूँ,

निर्भर हूँ अपने आप पर, मोहताज नहीं हूँ।

हमराह नहीं कोई तो कुछ ग़म नहीं,

बीन कर राहों के कांटे आगे बढ़ी हूँ।

गुमराह दुनिया ने किया, हर एक कदम पर,

लेकिन सभी के साथ वीरता से लड़ी हूँ।

पाई है मंजिल आज तो क्या पीछे रहूंगी,

कदम से पुरुष के कदम मिला के चलूंगी।

34. दोहे

ध्यान किया बेकार है, जो मन में पाप समाए,
दोष देत भगवान को, पर ज्ञान न मन को भाए।

ज्ञानी की अपनी व्यथा, कि मुझसे बड़ा न कोय,
बड़ा मिला तो क्या हुआ, तू अपना ज्ञान संजोये।

विद्या बांटो धनी बनो, जो पल पल बढ़ती जाये,
बिना बोझ बिन मोल के, मन में जात समाये।

MADE IN
INDIA
MADE IN

35. स्वदेशी अपनाओ - चीनी भगाओ

सरहद पर डटे हैं वीर जवान,

हमको खलिहान में डटना होगा।

बाहरी मुल्कों की चमक दमक को,

हर हाल में हमको तजना होगा।

भारत माँ की रक्षा हेतु, हर इक को प्रण लेना होगा,

स्वदेश है ये, स्वदेशी बनो

अपने ही लिए करना होगा।

मरना भी नहीं, मिटना भी नहीं,

बस दृढ़ संकल्प करना होगा।

हर हाल में भारतीयता को

जीना होगा, जीना होगा।

हर घर में हर बाजार में जो,

ये चीनी घुसते आए हैं।

इस नाम को हमें हमेशा ही,

शमूल नष्ट करना होगा।

36. भिखारिन

सुन्दर नाजुक गुड़िया सी वह बैठी थी कुछ सोच रही,
धूप में आए पसीने को बालक के मुख से पोंछ रही।
थी सोच रही कैसे कब तक यह नन्ही जान है रह सकती,
इस तेज धूप में बैठ कर के कैसे है धूप को सह सकती।
सड़कें भी कोलतार से अब पिघली सी जानी पड़ती हैं,
ना यात्री इधर कोई आता है ना तांगा लारी चलती है।
बेचारी भिखारिन बच्चे संग बैठी हुई आहें भरती है,
फिर सूरज के छिप जाने पर अत्यन्त कोलाहल करती है।
इस दुनिया के इन लोगों ने मेरी सम्पंती हर ली है,
और छीना मुझसे पति मेरा, फिर साथ ही इक आह भर ली है।
इस बच्ची की खातिर तो ए बाबू मुझे कुछ दे डालो,
नही दे सकते तो ऐ लोगो, इक और उपकार ही कर डालो।
इस बच्ची से पहले मुझको पति के चरणों में पहुंचा दो,
फिर बच्ची को भी मेरे संग परलोक की राह को दिखला दो।
इस तरह आज इस दुनिया में अनगिनत ही जानें जलती है,
ऐसी ही कुछ कोमल कसकें, अब स्वर्ण के दिल में पलती है।

37. पनाह

इठलाता क्यों है पक्षी,

तू आसमां में उड़कर।

आखिर पनाह तुमको,

इस साख ने ही दी है।

खाता है हर बशर,

ठोकरें जमाने भर की;

आख़िर में राह उसने,

अपने ही घर की ली है।

न कर गुमां तु इन्साइन्सां,

जेहन में इस चमन का।

नदियों की शरण कब,

अथाह समुद्रों ने ली है।

माटी का पुतला है तू,

उसमें ही है समाना।

आखिर में आकर तुमको,

बस ख़ाक ही मिली है।

न नाज कर ओ पक्षी,

यूं आसमां में उड़कर।

हर नींद जबकि तूने,

इस ही जमीं पे ली है।

38. अहसास

लरजता बुढ़ापा ये क्या गा रहा है
जरा सुन तो लो, क्यों वो पछता रहा है
है कहता जवानी थी हम पर भी छाई,
रहे बेखुदी में न जानी खुदाई।
किए कर्म ऐसे जो सुन न सकोगे,
सुनोगे तो खौफ मन में धरोगे।
मिटाने की सोचा था हमने जहां को,
मगर मिट गए खुद मिला आशियां जो।
थे रह रह के हमने सितम उनपे ढाए,
अभी तक सितम मुझको वो याद आएं।
किसी को रुलाया किसी को सताया,
गिराया उसे सामने जो भी आया।
सिसकती थी ममता थी रोती जवानी,
मेरे अपने चेहरे पे थी तब रवानी।
न परवाह घर की न रुसवाई का डर,
न मरने की चिंता न था खौफ सर पर।
मगर अब हमीं मौत अपनी को मांगें,
न मिलती हमें दे वो जितने भी ताने।
पछता रहे हम हैं अपने किए पर,
न करता सितम तब जवां उन दिलों पर।
मेरा हाल देखो किया था जो पाया,
आखिर में आकर हूं सब जान पाया।

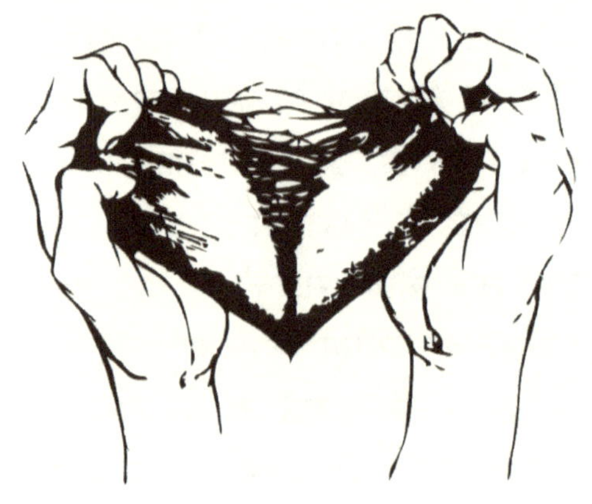

39. बेगुनाह मौत

हल्फिया बयान जब उसका लिया गया
दिलो दिमाग़ पहले दुरुस्त किया गया।
कहा गया बोलो, बोलते क्यों नहीं
मारे ख़ौफ़ के उसने न जाने क्या कहा?
करे न जुर्म जो उसने, वो भी क़बूल कर
ज़ालिमो से ख़ुद का पीछा छुड़ा लिया।
सोचा था छोड़ देंगे वो जुर्म क़बूल से
लेकिन पता था क्या फंदा फाँसी का पड़ा।
सजाए मौत सुन उसकी, फूले ख़ुशी से वो
जिस-जिस का जुर्म जबरन था उसके सर मढ़ा।
बेगुनाह मौत ने बख्शा साहस उन्हें
रास्ता जो जुर्म दौर का अब और था खुला।

40. टूटा हुआ मानव

खड़े हो क्यों?
अकेले
वीराने में,
रूठे हो क्या
समाज से, दुनिया से
या दुनिया के रिवाजों से।
क्या तुमको भी ला खड़ा किया यहाँ।
जूझ न सके
उनके बगावती माहौल से।
चलो तो जरा मेरे साथ
शायद दो मिल कर
जूझ सकें।

नहीं, क्या करेंगे
मैं तो इस काबिल रहा ही नहीं
जो साथ दूँ तुम्हारा
जाओ
छोड़ो मुझे, क्या करूँगा मैं
मिलकर समाज से।
टूटा हुआ एक अंग मैं
इसी समाज का हूँ।

41. इन्सान बन

हाथ न आएगा मज़हब

मर मिटे जो इस कदर

दाग लग जाए धर्म को

चाहते क्यों हो मगर।

एक रब के हम हैं बंदे

एक ही है रास्ता

इस जहाँ से दुनिया वालो

हमको क्या है वास्ता।

आए हैं जैसे जहाँ में

वैसे ही चले जाएँगे

इन झगड़े फ़सादों से

कभी सकूँ न पाएँगे।

भर गया बारूद जो जिगरे फ़साद का

फेंक दे फ़िज़ूल वस्तु

बीज है ये नाश का।

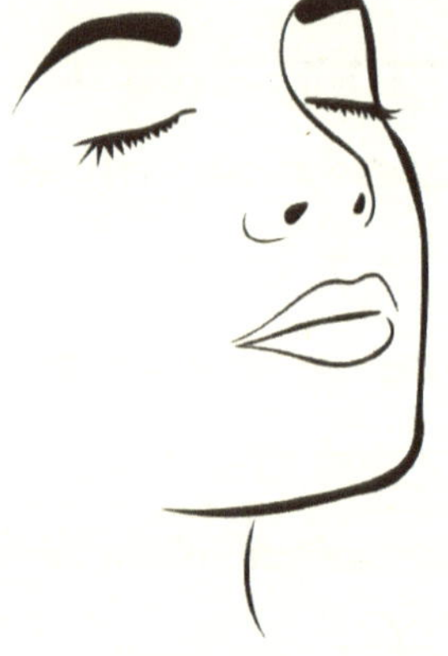

42. नारी

ममता की मूरत है नारी
नारी पावन नारी कोमल
नारी के रूप अनेकों हैं
मानव का तन मन धन नारी।

सह न पाती पर पीड़ा को
अपना दुःख वो सह जाती है
इस रूप में नारी तब देखो
ममता मई माँ कहलाती है।

पत्नी के रूप में नारी जब
परिवार की रक्षा करती है
घर बाहर सब अपनाती है
मन में विचार नहीं लाती है।

खुद भूखी रह कर के नारी
बच्चों को खूब लुभाती है
सर्वस्व भी माँगे उनके लिए
खुश हो कर वो दे जाती है।
फिर इसी लिये तो ये नारी
ममता मई माँ कहलाती है।

43. चंचल मन

ओ कलुषित मन चल ठीक चाल,
यूँ अठखेली क्यों करता है।
भटका जीवन तो कांटो में,
अब भी क्यों चंचल रहता है।
चंचलता तो छिन गई तेरी,
आहों में रही इक निरी व्यथा।
सिसकी मन की हर एक कड़ी,
आंसू ही कहें ये तेरी कथा।

अविलम्ब धार अश्रु बन कर,
कब तक यूं बहती जाएगी।
दुनिया ये ज़ालिम है पगले,
तुझे पग पग पर तड़पाएगी।
बदलो अश्रु जीवन धन में,
ख़ुशियों के बादल छाने दो।
आवाज़ दिले इन साजों से,
संगीत ख़ुशी का आने दो।

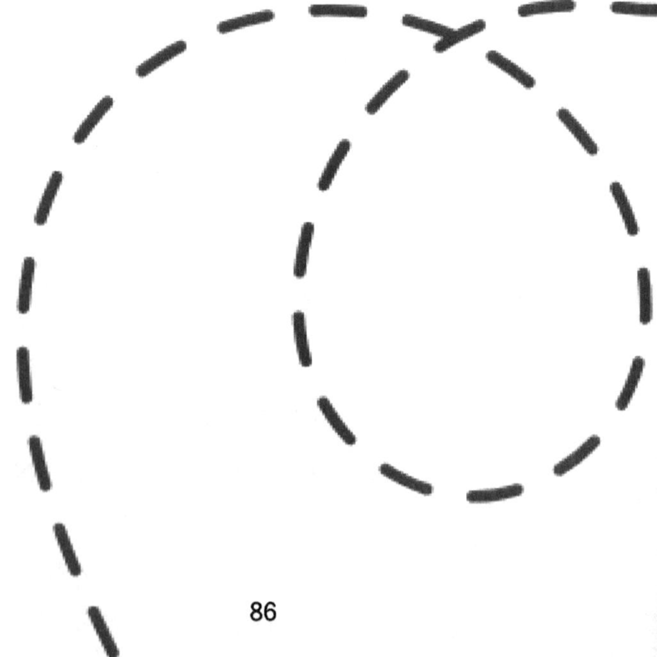

44. इंदौर से चंडीगढ़

आसमान से धरती को जब देख रही हूँ
कितनी प्यारी लगती है ये।
छोटे छोटे खेत ओर घर भी छोटे से
एक नज़र में दिखते हैं बस इक ही पल में।
सड़कें नदियाँ नाले और तालाब सभी भी
एक हो गए आँखों के समक्ष सभी ही।
क्या आभा है धरती माँ की मनमोहक सी
ऊपर है आकाश मेरे नीचे है धरती।
मेरे मन को जो असीम उत्साह से भरती
एक नदी जो साथ साथ नीचे है चलती
चंचल मन को और नए भावों से भरती।
देख रही हूँ बड़े शहर, पर छोटे छोटे
बड़े प्यार से धरती के आँचल में सोते।

45. दिल्ली से मुंबई

बादलों के पर लगे हों जैसे

आसमां में उड़ते फिर रहे हैं ये।

दूर मानो इक अथाह सागर सा है

मिल रही ज़मी भी आसमां से

छोर दोनों एक ही हो गए हैं मानो।

बीच सागर कश्ती में बैठे हम सभी

आकाश रूपी सागर में ठहरे हुए से।

बर्फ की चादर बिछी हो ओर हम

उसपे तैरते ही जा रहे हो के मगन।

दूर बहुत दूर तक जहां भी जाती है नज़र

बादलों की परत बिछी हर ओर है।

Master Robert Richardson
2001 Chestnut Street
Philadelphia
Pennsylvania

46. पत्र मेरी माँ के नाम

कहाँ हो माँ

तुम्हारी बहुत याद आती है

शादी कर दी है तुम्हारे बेटे की

जानती हूँ माँ, तू हर पल हमारे साथ थी

लेकिन फिर भी मैं छुप कर तेरी याद में रोई थी

तू होती तो वक़्त और भी ख़ुशनुमा होता

जैसा तूने कहा था वैसा ही किया माँ

तू होती तो कदम कदम पर समझाती

मेरी ग़लतियों का अहसास दिलाती

पर सकूँ है मुझे, न होते हुए भी तुम हमारे साथ थी

वो जगह हर दिल में आज भी महफ़ूज़ है माँ

क्योंकि तुम हर इक के लिये ख़ास थी

ढेर सी यादों के साथ तुम्हारी बेटी

स्वर्ण मस्त

47. अनाथ

वो ठिठुर कर रह गया, पेट में घुटने किये,
कपकपी होठों पे थी, आंख नम सी वो लिये।
इक मुसाफिर जा रहा, 'देखो बेचारा' कह गया,
फिर ओर आया, ठिठका जरा, फिर चल दिया।
देखता हर कोई था पर करता कुछ भी था नही,
कोई आह सी दया और नम्रता सब कुछ मिली।
पर न मिला उस ठंड से उसको कोई भी आसरा,
सुबह हुई सब राहगिर फिर से मिले पर वो न था।

www.ingramcontent.com/pod-product-compliance
Lightning Source LLC
Chambersburg PA
CBHW061434160726
47995CB00003B/893